AU SOLEIL DE TANA

Souvenirs de jeunesse à Madagascar
1968-1970

Patricia Chabas

AU SOLEIL DE TANA

Souvenirs de jeunesse
à Madagascar
1968-1970

Récit autobiographique

Retrouvez l'auteur sur les réseaux sociaux
@patriciachabas

Crédits photos : collection personnelle

ISBN : 978-2-9596811-0-3
Dépôt légal : octobre 2025
Première édition

A François et Marie, avec toute ma tendresse.

A tous les amis de Tana, en souvenir de nos années d'insouciance…

Avant-propos

A 70 ans, l'on aborde les rives du dernier tiers de sa vie, (version très optimiste !) et l'on se prend à rechercher les images rayonnantes de sa jeunesse…
En terminant la lecture d'un remarquable récit de voyage pédestre autour de Madagascar[1], je repense à mon séjour à Tananarive entre novembre 1968 et juin 1970. Le Madagascar de ce périple du XXI siècle a peu à voir avec celui de mes souvenirs… Bien sûr, ceux-ci sont sans doute transformés par le temps, embellis par le regard tendre que l'on voue à ses jeunes années, mais ils restent un tableau prégnant que partageront peut-être ceux

[1] *Madatrek* d'Alexandre et Sonia Poussin

qui ont connu Tananarive et la Grande Île de la fin des années 60…
Pour le coup, j'ai voulu remonter le temps, explorer mes « journaux intimes » de l'époque et naviguer dans ce passé lointain en retrouvant des albums, des lettres, des photos… J'étais alors adolescente. Ce fut sans doute l'une des périodes les plus agréables de ma vie. Celle d'une jeunesse choyée, dans un superbe environnement. La nature était belle, les gens étaient beaux, la vie était douce…
Il ne faut pas chercher là un livre d'analyse, ni de comparaison. Les souvenirs factuels surgissent et telle ou telle anecdote revient à la mémoire. Il n'y a pas de véritable chronologie. Seulement une suite d'images, d'impressions. De nombreux oublis sans doute…
L'idée de cette redécouverte a pris la forme d'une balade dans le temps, au fil des quelques pages qui suivent. Puissent-elles raviver le souvenir d'un pays magnifique, aujourd'hui meurtri, mais qui pourrait renaître de ses cendres ! …

MADAGASCAR
CAP D'AMBRE
CANAL DE MOZAMBIQUE
AMBOSITRA
FIANARANTSOA

— 1 —

De la plaine d'Alsace aux plateaux malgaches…

Septembre 1968. Nous allons bientôt quitter la métropole pour rejoindre une affectation outre-mer.
Finalement, ce sera Madagascar…
Par un de ces retournements de mutation comme il en arrive souvent dans l'armée, - Papa est officier dans l'Armée de l'Air - nous n'irons pas dans le Pacifique, mais au milieu de l'Océan Indien.
Pourtant, les cantines étaient fin prêtes et marquées au pochoir d'une adresse à Hao…
Nous avions rêvé lagons, Vahinés, farés entourés de jardins luxuriants, piqués de

fleurs de Tiaré…Qu'à cela ne tienne, ce sera l'Ile Rouge, le Ravenala, l'arbre du voyageur en éventail, les maisons aux balcons de bois et toits de chaume, les rizières en terrasses sur les collines ocres du sang de la latérite…
Je ne connais rien de ce pays du bout du monde. Il paraît qu'il ressemble à l'Afrique, avec un air d'Asie.
De toute façon, en ce début d'hiver 1968, au nord de l'Alsace où nous sommes depuis trois ans, cette aventure tropicale qui s'annonce ne peut que réjouir nos cœurs frileux.

J'ai presque 14 ans et je suis en 3ème, dans un lycée de jeunes filles. Toutes mes camarades ont des noms à consonance germanique et parlent volontiers alsacien entre elles. Nous sommes deux « francophones »[2] dans la classe, et nos fautes et notre accent pointu en allemand font souvent rire à nos dépens… Le prof d'Allemand nous taquine un peu en nous opposant

---

[2] Ici, lorsque les élèves parlent l'alsacien, on dit qu'elles sont dialectophones…

comme en un combat de boxe ; Patbar contre Chrisdo… Cela l'amuse ; il lui en faut peu… Mon amie Christine prend alors sa mine boudeuse pour bien faire comprendre qu'elle n'apprécie guère les quolibets ; quant à moi, je n'aime décidément pas cette langue rugueuse et obligatoire par ici. J'aurais tellement préféré les accents chantants de l'espagnol, la langue des vacances estivales, des longues plages brûlantes et du flamenco…

Mais en tout il faut savoir s'adapter ! C'est le maître mot de la vie, ça : a-dap-ta-tion !

Alors, « fi des projets qui souvent sont détruits » (par ici, c'est une blague car cela donne « nos brochets sont des truites » ! avec cet accent alsacien savoureux qui confond les consonnes sourdes et les sonores !) … Partons pour de nouvelles aventures ![3]

---

[3] Trois ans auparavant, nous étions au Tchad.

Malgré les amitiés tissées de fraîche date, il va me falloir quitter notre maison, les copains, mes habitudes et cette région pimpante qu'est l'Alsace. Mais je ne m'en plains pas ! Je vais découvrir un nouveau coin du monde, retrouver le soleil des Tropiques dans les terres australes. C'est diablement attirant !

— 2 —

Envol vers l'Île Rouge

Fin novembre, Papa vient nous chercher, Maman et moi - il est depuis deux mois à Tananarive - et nous embarquons à Orly, sur un DC8, le 1er décembre 1968, vers 17h30. Notre petit chien, Louky, qui nous a déjà accompagnés au Tchad, voyage dans la soute. Des bébés pleurent dans la cabine pour ce vol qui va durer des heures… Après avoir survolé la France, l'Italie et la Méditerranée, nous abordons la côte égyptienne tout illuminée et nous suivons la Mer rouge, sans la voir, pendant quelques temps. Vers minuit, l'avion amorce sa descente, traverse la nappe de nuages et atterrit bientôt à Djibouti. C'est le cœur de la nuit, mais la chaleur est étouffante ; l'escale ne dure pas très longtemps ; notre halte se limite au hall de l'aérogare, rafraîchi par quelques brasseurs d'air, et au bout d'une heure et demie, nous quittons les margouillats[4] et le ballet des chauves-souris pour reprendre notre voyage. Vers 3 h du matin, le ciel se partage entre aube et nuit profonde : à l'est, le ciel est strié des couleurs de l'arc-en-ciel, bleu, jaune, noir, rouge violine, tandis qu'à ma droite, à l'ouest, c'est une nuit noire constellée d'étoiles, avec la magnifique Croix du Sud… Enfin, après un nombre incroyable d'heures de vol, nous atterrissons au petit matin, à Ivato, l'aéroport de Tananarive[5]. A la sortie de l'avion, une chaleur moite nous coupe le souffle. Ici, c'est l'été austral.

---

[4] Sorte de petit iguane, cousin du lézard, à la peau très fine, que l'on appelle gecko en Asie. Les mâles ont la tête orange.

[5] Aujourd'hui : Antananarivo

— 3 —

En route pour Fort Voyron

L'aérogare est moderne. Nous récupérons notre pauvre Louky, qui s'ébroue et nous fait la fête en sortant de sa cage de transport.
Des collègues de Papa, officiers de l'Armée de Terre, et leurs épouses, sont là pour nous accueillir.
Pendant une semaine, il ne sera pas question de prendre un repas à la maison… Selon une bonne tradition d'accueil outre-mer, nous serons invités – petits-déjeuners compris ! – chez les uns et les autres. C'est plutôt sympathique et cela nous permettra de faire la connaissance des familles que nous allons côtoyer pendant près de

deux ans et de nous acclimater à notre nouvel environnement.

Après avoir rangé nos valises dans le coffre de la voiture d'un couple qui nous a accueillis, nous roulons vers la colline de Fort Voyron, où se trouve notre maison.
Le paysage est sec et dépouillé.
Sur la route, nous doublons des charrettes tirées par des zébus. De petits bus, cabossés, submergés de voyageurs, filent à toute allure, dans des éclats de couleurs vives…

Au loin, on aperçoit Tananarive.
La capitale de l'île s'étage sur plusieurs collines, comme une Rome d'aujourd'hui, les palais en moins, sauf celui de la Reine.

Sa propriétaire, la souveraine Ranavalona 1ère[6], ne supportait pas que l'on puisse être à sa hauteur ; elle avait demandé à l'ingénieur français, Jean

---

[6] Elle régna de 1828 à 1861.

Laborde, de faire disparaître la colline en face de la sienne… Mais plus d'un siècle après ces travaux titanesques pour les malheureux chargés de creuser ces tranchées, la colline est toujours là et les escarpements nombreux sont le repaire des serpents, dans des odeurs de fenouil…

Lorsque nous parvenons au pied de la colline de Fort Voyron, nous empruntons la route qui serpente au milieu de pins frissonnants. L'air est rafraîchi et sent bon. La végétation, très clairsemée, dévoile une terre orange, piquetée de sisals imposants, aux feuilles fibreuses, élancées vers le ciel.

(Depuis la colline de Fort Voyron, vue du palais de la Reine au loin).

Nous arrivons enfin devant notre villa. Un bungalow mitoyen, de plain-pied, avec un joli petit jardin.

Il y a là toutes sortes d'ibiscus multicolores ; des roses ; un jacaranda couvert de magnifiques fleurs bleu lavande, en forme de trompettes ; des poinsettia rouge vif, sous forme d'arbustes. Je n'en ai jamais vu d'aussi grands ! En Alsace, cette plante décorative, mais vénéneuse, arrive dans de petits pots pour égayer les tables de Noël...

Berthe, notre Ramatoa,[7] sort sur le perron et nous souhaite la bienvenue chez nous.
C'est une jolie jeune femme d'une trentaine d'années (elle est mère de 11 enfants !), pas très grande comme toutes les Malgaches, vêtue d'une blouse blanche… mais pieds nus ! Les chaussures sont pour la ville !
Un bandeau blanc, dont une des pointes se dresse fièrement au-dessus de sa tête, encadre un visage rond, des yeux pétillants, illuminés d'un sourire rieur…
Elle nous plaît tout de suite. Elle a l'air gentil, un peu timide, délicate autant qu'efficace, si l'on en juge par la propreté de la maison. Elle parle très bien le français et nous découvrirons vite qu'elle sait aussi lire et écrire, ce qui n'est pas le cas de toutes les employées de maison malgaches. Elle saura préparer de très bons petits plats en

---

[7] « Madame » en malgache ; ici, la gouvernante qui s'occupe de l'entretien de la maison et prépare aussi les repas. Dans les mots malgaches, le « a » terminal ne se prononce pas. Ici, on dit « ramatou ».

lisant les recettes pourtant compliquées du livre de cuisine de Maman. En deux mots, c'est une perle !
Et nous aurons la chance de l'avoir auprès de nous pendant tout notre séjour.

Pour le moment, elle a tellement eu à cœur de ripoliner la maison en notre honneur, qu'elle a astiqué avec zèle un petit vide poche en bronze, aux armes de la « Jeanne [8]», vert-de-grisé pour faire « ancien », auquel Papa tient beaucoup… Celui-ci le découvre brillant comme de l'or sur la table du salon… Il ravale sa contrariété : comment en vouloir à cette femme qui ne connaît pas les subtilités de l'artifice et qui a voulu bien faire ?! L'épisode vire au comique… Papa rit jaune, mais il est victime de son perfectionnisme… Il a dû dire à Berthe que tout devait briller pour notre arrivée ! Même les interrupteurs en laiton, en forme de boules, scintillent à côté de toutes les portes !...

Je prends possession de ma nouvelle chambre. Elle donne sur le jardin. Un bureau métallique imposant se trouve devant la large fenêtre et le lit cosy le long du mur va me servir de bibliothèque. Un superbe Poinsettia étend ses branches rougeoyantes jusqu'à ma baie vitrée ; ce qui est moins amusant, c'est qu'il forme une autoroute

---

[8] La « Jeanne d'Arc », porte hélicoptère de la Marine nationale, sur lequel Papa a eu l'occasion de faire un bref séjour.

pour les bestioles qui veulent faire du tourisme dans « mes appartements » … D'énormes araignées noires, qui d'habitude se balancent sur les poteaux et fils électriques à l'extérieur, viennent de temps en temps en reconnaissance autour de mon lit. Rien que d'y penser j'en ai la chair de poule… Je prends l'habitude, chaque soir de faire l'inspection en regardant dessous, dessus et autour de mon lit pour voir s'il n'y a pas une « habitante » …
Je garderai longtemps ce rituel.

Changer d'environnement et de décor est toujours agréable parce que signe de découvertes.

Le téléphone par exemple ici n'est pas direct. Il faut passer par un central militaire. Mais ce n'est pas un problème. J'ai juste l'impression d'avoir un secrétariat !...

Curieusement, une cheminée à insert ouvert et tablier de briques, trône dans le salon. Je ne m'attendais pas à voir ça au sud de l'Afrique…

Mais nous ne sommes pas en Afrique et sur les hauts plateaux malgaches, les températures peuvent être fraîches en hiver, - l'été pour nous en métropole, puisque nous sommes dans l'hémisphère austral – et atteindre parfois moins de 5°C… Bien sûr ce n'est pas la froidure de la plaine d'Alsace, mais une « petite laine », quand ce n'est pas un manteau, s'impose ! Et nous ferons une paire de fois quelques flambées, histoire de réchauffer l'atmosphère, le soir, entre juin et octobre.

Dans le couloir qui relie le salon à la cuisine, Papa a fait installer un piano droit. Celui-ci est noir et, dépourvu de fioritures, bougeoirs ou feuilles d'acanthe, a l'air tout simplement sévère. Comme je ne prendrai pas de leçons, je laisserai mon imagination et mes doigts courir sur le clavier pour retrouver des airs de chansons plutôt que de m'escrimer à faire mes gammes… Bien sûr ce n'est pas un gage de réussite ni d'excellence, mais du moins trouverai-je quelque plaisir à pianoter. Je me lancerai à déchiffrer quelques airs de Chopin ou de Schubert qui, à mon grand étonnement, resteront longtemps dans ma mémoire tactile. Je savourerai cette fantaisie, loin de l'école de musique de Haguenau ; là, après avoir emprunté un vieil escalier de bois, craquant sous mes pas, je rejoignais une petite salle à peine chauffée l'hiver, où m'attendait un professeur d'un âge certain, soucieux de relever la note fautive et de me faire recommencer, encore et encore… Ce n'étaient pas des envolées lyriques, et je redoutais ces cours fastidieux. A Tana, vive la liberté !

Il n'y a pas non plus de télévision ici. Mais nous saurons nous en passer. Après tout, même en France, il n'y a guère que deux chaînes qui diffusent des programmes à cette époque… la radio fera l'affaire pour les informations et les récits qui nous feront parfois frémir ; quand on imagine, l'angoisse monte plus vite que lorsque l'on voit les choses. Je me souviens d'une histoire de science-fiction – « La mouche » - qui m'avait donné quelques cauchemars des nuits durant… Et puis, il y a les livres ! Romans, aventures, récits historiques ou de voyage, je dévore tout avec grand plaisir. Rien de tel pour s'échapper du quotidien et se transformer en héros de rêve.

— 4 —

Antsirabe

Noël n'est pas loin. Ce sont les vacances ; et comme nous n'avons pas toutes nos affaires, - car les cantines suivent par mer à travers l'Océan Atlantique, - nous allons passer quelques jours, au cœur de l'île : à Antsirabe,[9] la Vichy malgache, où l'Armée française a un centre de repos.

C'est une petite station thermale, fort agréable, où il fait bon se détendre. Il y a de nombreux jardins autour de villas paisibles, précédées de varangues au soubassement ajouré, recouvert de lierre à profusion. Certains trottoirs de la ville sont parsemés de morceaux de quartz rose ! C'est incroyable et pourtant vrai !

---

[9] Antsirabe signifie « là où il y a beaucoup de sel ».

La mairie contraste par ses hautes baies vitrées et sa façade moderne avec d'autres bâtiments administratifs d'Antsirabe qui ont un petit air vieillot de province française. Cela ne manque pas de charme. La cathédrale, Notre Dame de la Salette, est majestueuse avec sa nef lumineuse et ses vitraux multicolores dont certains évoquent la culture du riz au milieu de scènes bibliques. Et l'hôtel des thermes ne déparerait pas dans une ville de cures auvergnate…

On se promène par ses rues en pousse-pousse, comme en Extrême-Orient ; d'ailleurs ce sont les Chinois qui ont introduit ici ce moyen de transport typiquement asiatique.

Ces petites voitures à deux roues sont décorées de motifs naïfs aux couleurs vives et font la fierté de leurs coureurs. Pourquoi, d'ailleurs ne les appelle-t-on pas « tire-tire » ? En effet, leurs conducteurs, qui se mettent dans les brancards, les tirent de leurs bras et de leur taille. Leurs pieds nus sont tannés, les talons craquelés par la poussière, le sol aride et le soleil. Rouges de la couleur de la terre malgache…

Comme beaucoup de Malgaches, ces hommes ont toujours un petit chapeau de paille blonde, genre « trilby »[10], sur la

[10] Petit chapeau à bords courts et relevés, avec une calotte creuse.

tête, une chemise qui flotte au vent sur leur pantalon à l'ourlet relevé. Leur ceinture n'est souvent qu'une simple ficelle. Ils ne font pas fortune, mais leur visage est rieur, ils plaisantent et parlent volontiers – quand le client transporté n'est pas trop lourd ! -, faisant un peu les guides, pour faire découvrir les quartiers du centre de leur jolie ville.
Nous engageons deux conducteurs. Maman et moi sommes dans un pousse-pousse tandis que Papa monte dans une deuxième voiture avec Louky. Celui-ci tend sa petite truffe rose de Ténérife, curieux de toutes ces senteurs nouvelles, les oreilles au vent, car nos deux conducteurs rivalisent de vitesse, le pas ample et léger.

Nous passons devant le monument Fahaleovantena, - qui signifie « Indépendance » - sorte d'alo-alo[11] géant de béton, en hommage à tous les peuples qui forment la mosaïque de la population de l'île. Une halte s'impose

[11] Sorte de totem (voir plus loin).

pour en lire la longue liste. Quelque vingt ethnies peuplent Madagascar, et parmi les plus importantes, les Merinas qui se sont installés sur les hautes terres, les Betsiléos ou encore les Sakalava sur les côtes…

On nous conduit bientôt vers LA curiosité incontournable, l'échoppe du tailleur de pierres. Dans un petit atelier,

plutôt sombre, sans vitrine ni comptoir, Joseph fait naître, sur sa meule, entre ses doigts experts, sous un filet d'eau, des facettes d'améthystes et de béryls, de grenats et de citrines… Il polit en cabochons des amazonites, des opales translucides ou striées de mille feux, et les couche ensuite, soigneusement, dans des boîtes de Craven A, sous un duvet de coton, pour protéger tous ses trésors.
Il fera ensuite sa tournée et « montera » à Tananarive proposer ses merveilles aux Vazahas[12] dont nous faisons partie, sur la colline de Fort Voyron.
Quand il arrive avec ses soubics[13], c'est un enchantement.
Chaque boîte qu'il ouvre, avec un sens inné du suspens, de la mise en scène, découvre des cristaux taillés, de toutes les couleurs, qui accrochent la lumière et font penser que l'on a devant soi un trésor. Il commence toujours par les plus

[12] Prononcer Vaza, ce mot signifie « étranger blanc »

[13] La soubic est le couffin traditionnel malgache.

simples, ceux qui ne sont pas très purs. Par exemple, des citrines très foncées, presque marron. Puis, il révèle des gemmes plus fines, ciselées à la perfection, et aux couleurs éclatantes. On en achète, par plaisir, même si un voile ou un « crapaud » entache la pureté du cristal. Le délice de faire rouler ces pierres de feu entre ses doigts… Certaines sont grosses comme des billes d'agate, d'autres minuscules mais bien plus chères que les autres, car ce sont de véritables petits joyaux.
On tombe parfois sur une topaze ou une aigue-marine qui enflamme l'imagination…

On est « riche » comme dans un conte de fée ; princesse d'un jour au milieu de ces gemmes…Un jaune soutenu, un bleu des mers du Sud, une taille diamant sans défaut. Et l'on songe déjà à la bague ou au sautoir que l'on fera réaliser

par un bijoutier « karana »[14], à qui l'on a déjà confié tant de trésors… Mais ça, ce sera pour plus tard.
Pour le moment, nous découvrons ces minéraux et je sais déjà que ce sera pour moi l'objet d'une passion qui durera longtemps.
« Y a-t-il une pierre qui te plaise, ma chérie ? » me demande Maman. Je sais bien que c'est Noël bientôt, mais j'ai l'impression d'être dans la caverne d'Ali Baba. Laquelle choisir ??
Je regarde sur le plateau que l'on me tend : il y a là des pierres de toutes les couleurs.
Je choisis un grenat. « Celle-ci me plait bien ». Elle est un peu en forme de cœur. Mais je n'ai aucune idée de ce que l'on peut en faire.
Le matin de Noël, je découvrirai « ma » pierre dans un pendentif en or que m'auront fait faire mes parents. C'est mon premier bijou. Je suis très heureuse.

---

[14] Les Karanes sont des indo-pakistanais musulmans qui sont arrivés à Madagascar à la fin du XIXème siècle et qui sont réputés pour le travail de l'or, en joaillerie.

A quelques kilomètres d'Antsirabe, un autre jour, nous rejoignons par une piste chaotique les rives du lac Tritriva[15]. C'est un lac de cratère qui a presque la forme de Madagascar.

Il est, paraît-il, très profond. Ses rives sont abruptes et vertigineuses en cette saison, car le niveau des eaux, curieusement, baisse pendant la saison des pluies.

Une légende veut que deux amoureux aient préféré se jeter dans ses eaux vertes pour mourir ensemble plutôt que d'être séparés car leurs parents refusaient leur mariage. Roméo et Juliette à Madagascar, en quelque sorte.

Une autre légende veut que ses eaux tournent au rouge, comme un mauvais présage, quand un malheur va s'abattre sur la Grande Île.

Tout cela n'est guère réjouissant ; l'atmosphère est pesante, mais, heureusement, ce ne sont que des légendes…

---

[15] Prononcer Tritriv'.

En tout cas, ce qui attire aussi notre regard, ce sont des éclats roses, à fleur de terre, dans les collines volcaniques, autour du lac : des gisements de quartz rose ! Il suffit de prendre une barre à mine, et on peut retirer ainsi de jolis blocs de cette pierre magnifique. On comprend mieux pourquoi la rue principale d'Antsirabe est recouverte de ces morceaux de quartz.
Toute l'île de Madagascar semble ainsi receler de vastes gisements de minéraux. Dans certaines régions ce sont des géodes d'améthyste ou de citrine qui font le bonheur des amateurs de pierres semi-précieuses.
Jusqu'aux années 1980 environ, on ne trouve là aucune pierre précieuse. Ici, point de mines de diamants comme celles qui ont fait la richesse de l'Afrique du Sud de l'autre côté du canal de Mozambique.
Depuis, on a découvert des filons de saphirs dans plusieurs régions de Madagascar. Ceux-ci sont aussi beaux que ceux de Ceylan. Hélas, ils attisent la convoitise de « chercheurs » et

trafiquants en tous genres, qui n'hésitent pas à risquer la vie des jeunes enfants qu'ils utilisent pour extraire ces joyaux dans des galeries creusées à la hâte, mal étayées, qui s'effondrent sur les petits mineurs.
L'appât du gain, partout dans le monde, détruit tout.

Notre séjour à Antsirabé sera endeuillé par la nouvelle du décès brutal du père de Maman.
Je n'ai guère eu l'occasion de voir souvent mon grand-père. Mais justement j'avais appris à mieux le connaître l'été dernier quand nous étions allées en Corse, avec maman et ma tante Yvonne, sa sœur cadette. Il était grand avec de beaux yeux bleu clair, ce qui n'était pas banal pour un Corse. Un peu rigide, peu bavard, il n'en était pas moins gentil avec moi. C'était un beau vieillard.
Il ne sert à rien d'espérer rejoindre la Corse avant l'enterrement, si bien que nous restons à Madagascar.

Noël derrière nous, nous reprenons le chemin de Tana. Nous couvrons les quelque cent soixante-dix kilomètres qui nous séparent de Tananarive sans encombre. Et cela nous permet d'apprécier les beautés de la campagne malgache.

La route est carrossable et bien entretenue. Elle serpente entre les collines aux courbes douces, piquetées de maisons de latérite, aux toits de chaume. Des balcons de bois agrémentent les façades, car contrairement à l'Afrique, ici, sur les hauts plateaux, il n'y a pas de cases, mais des maisons à étage qui font plus penser à l'Asie.
Parfois une pente se découpe en différents niveaux de rizières ; la terre est rouge et cela fait autant de saignées géométriques qui accrochent notre regard. De nombreux zébus ruminent le long des champs, quand ils ne tirent pas un araire cahotant ou un chariot brinquebalant.

Nous croisons des groupes de femmes et d'enfants qui marchent le long de la route. Ils sont tous joyeux et souriants de leurs belles dents blanches et nous font des signes d'amitié. Parfois quelques femmes, entourées de leurs bambins, proposent des fruits ou des légumes qu'elles ont cultivés dans leurs champs. Elles ont ainsi installé une table le long de la route qui passe non loin de leur village. Elles ont le sens de la présentation dans la façon de disposer leur marchandise et sont tout sourire. Plusieurs générations sont réunies autour de ces étals de fortune. Et il est agréable de choisir de beaux légumes et des fruits qui ont l'air juteux à souhait. Les prix sont corrects et on ne marchande pas. Chacun y trouve son compte. Et surtout il n'y a aucun harcèlement comme cela se passe dans d'autres pays tropicaux. On a raison de dire que les Malgaches sont gentils et accueillants.

Souvent, à l'écart des villages, on trouve un cube de glaise rouge ou de pierre, de la taille d'une petite maison à toit plat. Il est surmonté de poteaux sculptés et peints de couleurs vives parfois, appelés Alo-alo[16]. Comme des totems.
C'est un tombeau. Caveau assez vaste où l'on dépose les morts sur des claies, enveloppés simplement d'un ou plusieurs linceuls que l'on appelle ici des lamba[17]. Plus la personne est riche, plus elle est recouverte de ces lamba, brodés,

---

[16] Prononcer Aloal'

[17] Prononcer Lamb'

tissés, aux couleurs chamarrées ; et plus il y a d'alo-alo sur la tombe. Ceux-ci représentent souvent l'activité du défunt : par exemple, un petit autocar couronne l'alo-alo d'un chauffeur de bus ou même un avion pour celui qui a aimé piloter… Mais les plus beaux sont faits de sculptures géométriques, en forme de lune, de losanges, de cornes de zébus stylisées. Dans le sud de l'île, chez les Antandroys, il y a un véritable culte du zébu. Les tombeaux sont couverts des cornes dressées des zébus sacrifiés lors de l'inhumation du défunt et d'alo-alo représentant l'animal propitiatoire. Ces décorations marquent un syncrétisme réussi, car souvent une croix chrétienne se dresse à l'aplomb de la porte du caveau, devant lequel on dépose de la nourriture pour le défunt…
Il me faut parler ici d'une cérémonie très particulière, le famadihana[18]. Il s'agit du retournement des morts, rite funéraire typiquement malgache, en particulier sur les Hauts Plateaux, chez les Merinas. Ce

---

[18] famadine

sont des festivités pour lesquelles, les Malgaches dépensent parfois les revenus de plus d'un an ou bien s'endettent pour la vie. Il s'agit de sortir du tombeau un aïeul décédé depuis longtemps, de l'embaumer à nouveau, de l'enrouler dans un lamba neuf et de promener sa dépouille, en procession, par les rues du village ou du quartier, au son de musiques ou de chants. On danse en suivant les accents d'une fanfare en faisant sept fois le tour du tombeau, par exemple. Cette cérémonie a lieu tous les trois, cinq ou sept ans. Des prières sont psalmodiées et on implore le défunt pour qu'il exauce les vœux des uns et des autres. On le remercie en glissant des offrandes dans le nouveau linceul. Dans les familles les plus riches, à la campagne, on sacrifie des zébus. Et toute la famille et les amis, se retrouvent autour de grands banquets. C'est une vraie fête, où l'on est loin de la notion de deuil. Pour honorer les hôtes de marque, on leur offre les morceaux tranchés dans la bosse des zébus. Une fois que la mémoire du défunt a été suffisamment

honorée, on ramène celui-ci dans sa tombe.
Cette célébration permet une connexion entre les vivants et les morts et renforce les liens familiaux et intergénérationnels. C'est du moins ainsi qu'elle était considérée il y a soixante ans ; aujourd'hui, même si cette tradition perdure, elle tend à se faire rare à cause de son coût et des risques sanitaires qu'elle implique avec la transmission possible de maladies dues à des bactéries libérées des années après le décès.
C'est en tout cas un rite funéraire à nul autre pareil.

— 5 —

Faravohito

La reprise des classes est là.
Arrivée le 2 décembre 1968, j'avais pris le chemin de mon nouveau lycée – à cette époque le « collège » n'existait pas – une semaine plus tard.
Le 7 décembre, donc, j'ai découvert Saint Joseph de Cluny, à Faravohito, établissement privé tenu par des Sœurs.
Levée à 6h30, chaque matin pendant deux ans, je vais emprunter le camion de ramassage militaire qui nous emmène par les collines et les rues de Tana vers nos classes. Il y a un camion pour les garçons et un autre pour les filles. Certaines vont au lycée public qui se trouve sur notre chemin, un peu plus haut que Saint-Joseph. Le trajet dure

trente minutes et quatre fois par jour je me retrouve dans ce vieux Berliet, transport de troupes, dans lequel, assises sur des bancs à peine recouverts de vieux coussins rembourrés de kapok, nous sommes ballotées, d'un virage à l'autre. Très vite, ces deux heures de « balade » vont se transformer en moments de complicité, de bonne humeur et de chants avec mes nouvelles camarades. Danielle, Hélène les jumelles, Françoise et Brigitte vont être de fidèles compagnes de route ! C'est l'époque de Salut les Copains… et nous allons égrener – à tue-tête, au grand dam du soldat malgache qui nous accompagne ! - tout le répertoire de Joe Dassin, de Sacha Distel, Johnny Halliday ou Richard Anthony et tant d'autres…

Les cours vont rythmer à présent mon quotidien.
Je n'avais pas eu vraiment le temps de faire la connaissance de mes camarades de classe avant les vacances de Noël. Toutes ces jeunes filles sont issues de la société civile de Tana. Leurs parents

sont entrepreneurs, commerçants, pharmaciens, médecins, employés ... Il n'y a pas de fille de militaires dans ma 3ème.

Nous portons toutes un uniforme. Pas question de voir les différences entre les riches et les pauvres, nous sommes toutes logées à la même enseigne et c'est tant mieux. La taille prise dans une ceinture, nous portons une chasuble bleu marine boutonnée devant sur une chemisette blanche avec un col claudine ou un col pointu. Il paraît que cette tenue a été dessinée par Pierre Cardin… Les chaussures doivent être sombres ou blanches ; il n'est pas question de porter de bijoux, ni de vernir ses ongles et nos coiffures doivent être sobres, sans fantaisie, à part éventuellement un bandeau noir, bleu foncé ou blanc.

Un matin, je viens avec une petite barrette de perles dorées, offerte par Maman, pour retenir ma frange. Convoquée au bureau de mon professeur, celle-ci me tance de belle façon et me fait rougir de honte : c'est tout juste si elle ne me traite pas de gourgandine…
La plupart de mes condisciples sont originaires de Madagascar ; leurs parents sont Malgaches ou Français ou les deux. L'une d'entre elles a un père grec, et s'appelle naturellement Hélène ! D'autres sont Réunionnaises ou Mauriciennes. Je suis la seule « de passage », mais je me fais très vite de

bonnes camarades. Lilian, Christiane, Marie-Pierre, Bérengère, Laurence, Hélène ou Annie deviendront, pour certaines, des amies que je reverrai pendant des années même au-delà de notre adolescence. A cette époque, nous n'avons pas de « smartphone », ni d'ordinateur, mais nous avons le téléphone et nos stylos… Les échanges de lettres seront réguliers et les missives, détaillées et longues de plusieurs pages… Cela aussi entretient l'amitié.

En attendant, je me familiarise avec le rythme des cours. Ceux-ci sont fluctuants ; certaines matières ne sont pas assurées pendant quelques semaines ou quelques mois par manque de professeurs, comme le latin ou l'allemand. Cela me convient tout à fait car je ne suis pas passionnée par ces matières. La suite[19] de cette classe de 3ème s'annonce intéressante.
Je découvre ainsi l'Histoire de Madagascar. Pas question de « nos

[19] J'ai commencé ma 3ème à Haguenau, en Alsace.

ancêtres les Gaulois » ici, comme on se plaît à se moquer lorsque l'on parle de l'enseignement français en Afrique… J'apprends les noms improbables des souverains malgaches : le célèbre grand roi, Andrianampoinimerina, qui étendit le pouvoir mérina sur presque tout le pays, son fils Radama 1er qui ouvrit le pays à l'influence anglaise et surtout la veuve de celui-ci, Ranavalona 1ère[20], qui, montée sur le trône en 1828, eut le sang de plus de deux cent mille Malgaches sur les mains, en particulier les chrétiens convertis sous le règne de son défunt époux. Le récit de ses « exploits » contre les missionnaires, les commerçants et tous ceux qui n'avaient pas l'heur de lui plaire y compris ses amants, dont elle se lassait, nous fait frémir d'horreur… En allant visiter le rova[21], le palais de la Reine, on ne peut s'empêcher de penser à tous ces malheureux qui se sont vus précipiter du haut de la falaise escarpée dans le ravin, parce qu'ils étaient

[20] Prononcer : Ranaval'

[21] Prononcer : Rouv

devenus persona non grata. « Il n'y a pas loin du Capitole à la roche Tarpéienne » … On ne m'enlèvera pas l'idée que connaître l'Histoire permet de comprendre le présent et d'anticiper l'avenir.

La géographie est aussi pour moi une matière passionnante : c'est celle de Madagascar dont j'apprends à dessiner les contours avant même de savoir tracer, à main levée, ceux de la France ! Mère Joseph, une Bourguignonne au caractère passionné et intransigeant, chargée de nous enseigner l'Histoire et la géographie, nous parle du Gondwana, ce gigantesque continent, qui s'est désintégré il y a quelque 250 millions d'années et a éclaté en monstrueux morceaux formant l'Inde, Ceylan, l'Australie et bien sûr Madagascar… Toujours enthousiaste, elle nous dévoile la diversité des paysages, les ressources et les peuples de cet étrange pays, qui ressemble plus à l'Asie qu'à l'Afrique. En effet, même si Madagascar n'est séparée du continent africain que de 400

kilomètres par le Canal de Mozambique, son aspect géologique, sa faune, sa flore n'ont rien à voir avec ceux des pays qui lui font face. On ne les retrouve nulle part ailleurs.
Quant au peuplement de la Grande Île, il est lui aussi unique au monde. Une vingtaine de groupes ethniques viennent de presque tous les continents. Un jour, j'ai le malheur de dire « tribus » au lieu d'« ethnies » ; j'ai beau ne pas être mauvaise dans la matière, je n'échappe pas au courroux de la brave religieuse. Le vocabulaire change, et l'on ne le sait pas toujours... J'égrène consciencieusement les noms des peuples des Hauts plateaux et ceux de la côte : Mérina, Antambahoaka, Antandroy, Bara, Betsileo, Betsimisaraka, Mahafaly, Sakalava, Vazimba, Vezo ou Zafimamiry... et j'en oublie quelques-uns...
La géographie du monde, des îles lointaines de Bornéo, Java, Sumatra mais aussi celle de certains pays africains, comme la Haute-Volta, le Ghana, le Togo ou la Côte-d'Ivoire sont aussi au

programme de cette année de 3ème… Des cours de rêve en somme, des leçons qui nous transportent loin de notre quotidien, même si celui-ci est déjà « exotique » à souhait…

Un matin de ce printemps 1969, pendant un cours d'Histoire, je suis un peu étonnée d'entendre un grondement qui couvre presque le discours de notre professeur ; ce doit être un énorme camion qui fait vibrer le sol… « Pourquoi diable, laisse-t-on passer cet engin dans la ruelle étroite, pentue et pavée qui jouxte l'école ? » suis-je en train de me demander. Mes camarades se mettent à chuchoter et à s'agiter sur leur chaise… Je n'y prête pas plus d'attention que cela. Soudain, Mère Joseph interrompt son discours et tapant à plusieurs reprises de petits coups secs sur son bureau pour demander le silence, s'écrie : « Petites, taisez-vous ! ce n'est qu'un tremblement de terre ! »
Mes camarades retrouvent leur calme, et c'est moi, cette fois, qui suis pâle comme un linge et prise de panique !...

Ce tremblement de terre est le premier d'une série que nous subirons pendant notre séjour. Entre 4 et 7 sur l'échelle de Richter[22], certains, qui auront lieu la nuit, plus impressionnants encore que les diurnes, nous jetterons hors de notre maison. Le bruit, si intense, comme le grondement d'un char sur le pavé, et les vibrations déclenchent automatiquement la peur, irraisonnée, mais inévitable, lors de ces minutes qui semblent une éternité. Que faire lorsque la Terre nous rappelle sa toute-puissance devant notre vulnérabilité ? A cette époque, à Madagascar, il n'est pas question de mesures préventives. L'air confiant mais aussi autoritaire de notre enseignante nous tient lieu de protection. Sans doute a-t-il été dit que nous pouvions nous glisser sous nos pupitres faits de bois solide, mais je ne me souviens pas d'exercice d'alerte pour nous entraîner, comme cela se fait dans les écoles au Japon ou en Californie, par exemple, depuis longtemps.

[22] Échelle qui était la référence alors.

L'école de Faravohito est une école religieuse fondée par les sœurs de Saint Joseph de Cluny. Cette congrégation est arrivée à Madagascar en 1861. Son but est, depuis l'origine, d'instruire, d'aider les pauvres en leur rendant leur dignité, d'éduquer et protéger les orphelins et de soigner les malades, en particulier les lépreux. Il y a plusieurs missions sur l'île et il va sans dire que l'école de Fara (c'est ainsi que nous abrégeons le nom de Faravohito) bénéficie d'un prestige certain, étant l'une des plus anciennes.
Outre les cours dans les matières générales, nous devons donc suivre un enseignement religieux. Pour moi, ce n'est pas une nouveauté. En Alsace, province concordataire, la religion fait partie du cursus normal de tous les établissements, privés mais aussi publics.
A Fara, c'est la Mère supérieure qui se charge de ces leçons, mais comme ses fonctions de directrice l'accaparent, elle est très souvent remplacée par une jeune sœur qui est canadienne, ou plus exactement québécoise. Elle s'appelle

Sœur Clémence. Les entretiens bon enfant avec cette religieuse sont savoureux. L'accent chantant tout d'abord nous amuse et nous régale. Les « r » roulés, les « a » qui deviennent des « o », et toutes les expressions pittoresques nous plongent dans un autre monde. Et puis, elle n'a pas la tenue des autres sœurs de Cluny, longue chasuble blanche et voile qui recouvre l'intégralité de la chevelure ; elle est vêtue d'une simple blouse sur une chemisette et une jupe courte et ses cheveux sont visibles à la base d'un petit voile retenu par un bandeau. Cela la rend plus « décontractée », plus proche de nous. Elle est incontestablement la plus jeune des sœurs et la plus volubile.

Ses conversations – plutôt que ses « cours » - se terminent toujours par la distribution de petits fascicules de morale.

L'un d'entre eux m'intrigue énormément. Il s'intitule : « Les garçons volages font les meilleurs maris ! » … Après ça, qu'on ne s'étonne plus de trouver du charme aux hommes qui en font !...

A Saint-Joseph de Cluny, il y a aussi la messe. Le vendredi matin. La chapelle, située dans l'enceinte de l'établissement, est sobre, très claire ; le bois blond des bancs rayonne d'une chaude lumière et cela sent bon l'encaustique. Le silence, malgré d'invasion d'une vingtaine de lycéennes incite au recueillement… Je n'ai pas l'habitude de m'agenouiller, cela fait trop mal aux genoux ! … Comment peut-on prier quand on a l'esprit accaparé par la douleur ? (je reconnais que cette remarque est incongrue ! C'est précisément dans la souffrance, le désespoir et le deuil que l'on trouve refuge dans la prière…) mais comme je suis la seule à rester debout au milieu de toutes mes condisciples, je finis par faire comme tout le monde...
Et puis, il y a aussi la confession au moins une fois par trimestre… Cette fois, je crois me souvenir que nous allions à la cathédrale de Faravohita, toute proche. Cela fait des lustres que je

ne me suis pas confessée – rituel respecté simplement le Vendredi Saint dans notre famille. Je m'aperçois que je ne sais pas quoi dire, ni quels péchés avouer… Il y en a sûrement, bien sûr, mais à 14 ans, quels sont-ils ?? Pour me tirer d'affaire, j'invente des mensonges que je n'ai pas dits, des gourmandises que je n'ai pas eues… Et je ne vois pas autre chose !... Vanitas Vanitatum ! C'est le monde à l'envers.

A la fin de l'automne – près de celle de l'année scolaire – a lieu le grand nettoyage de l'école. Alors ça, c'est une première pour moi !

Nous devons, équipées de chiffons, de gants, de papier de verre et d'essence de térébenthine, de seaux et de balais, détacher toutes nos tables et les sols sur lesquels a pu être projetée de l'encre.

On ne nous épargne pas les toilettes, non plus.

Mais bien vite ce qui nous semblait de prime abord – du moins pour les nouvelles - une corvée, devient une vraie récréation, presque une fête ! Nous pouvons bavarder, chanter… Les sœurs

aussi ont abandonné leur rôle d'autorité et plaisantent avec nous. Et c'est dans la détente et la complicité que nous remettons à neuf notre salle de classe.
Bien sûr, je vais paraître complètement vieux jeu, mais je me demande si cette pratique, ne remettrait pas un peu de cohésion et d'humilité, aujourd'hui chez nos jeunes têtes blondes… et brunes, dans les établissements scolaires. Avoir une activité ensemble, avec un but commun qui est d'entretenir le beau… Pourquoi pas ? Ce sont les petits pas qui comptent. J'ai envie de dire « chiche » aux têtes pensantes de la rue de Grenelle !...

— 6 —

Le Zoma

Les journées de cours sont entrecoupées par les déjeuners que je prends avec mes parents à la maison. Maman et Berthe se chargent des menus. Il y a toujours de très beaux légumes à notre table. Maman descend une ou deux fois par semaine au Zoma[23], le grand marché au centre de Tananarive. Je l'accompagne parfois lorsque je n'ai pas classe.

Le Zoma, c'est une institution.
Tout le monde s'y retrouve, rit, échange les dernières nouvelles et palabre.
Les vendeurs se partagent entre les pavillons surmontés de toits de tuiles

[23] Le mot signifie « vendredi » mais le marché a lieu tous les jours.

élégants du marché d'Analakely et des étals à même le sol ou sur des tréteaux, à l'abri de parasols qui font une marée de toiles blanches… Il y a ainsi des dizaines de venelles abritées du soleil que sillonnent les ménagères. Des enfants ou de jeunes adolescents se proposent pour porter les soubics des acheteurs pour quelques francs malgaches. Il n'y a pas de bousculades. Chacun aura son dû et il arrive souvent que l'on « fidélise » les petits porteurs d'une semaine sur l'autre. De petites filles, avec leurs cheveux tressés, toutes souriantes, dans de jolies robes fleuries, un peu froissées, un peu déchirées parfois, surveillent avec attention les marchandises. Les paysans des campagnes environnantes viennent proposer leurs récoltes. Les légumes, les fruits et les épices nous régalent de senteurs vives et appétissantes.

Les tomates, poivrons, piments, oignons, carottes à profusion donnent des couleurs à la marée verte des chou-chou, christophines, concombres, courgettes, haricots, choux et autres brèdes[24] nécessaires à la préparation du Romazava[25]… Les légumes tiennent une place importante dans la cuisine malgache et ils se préparent braisés, bouillis, mijotés en accompagnement de plats à base de viande de zébu, de porc, de poulet ou encore de poisson.

Mais l'aliment roi que l'on retrouve dans presque toutes les recettes, c'est bien sûr le riz. Un riz blanc, au goût fade, qui

---

[24] Les brèdes sont des feuilles d'amarante, de chou, de patate douce, de cresson ou d'épinards qui accompagnent le riz pour lui donner plus de saveur.

[25] Plat traditionnel malgache à base de viande de zébu, de riz et de brèdes mafana (qui piquent un peu sur la langue et donnent une sensation anesthésiante). Voir recette à la fin du livre.

adoucit le feu de certains mets pimentés, ou au contraire, parfumé avec toutes sortes d'épices, qui donne une saveur souvent très relevée, (un peu trop forte pour nos palais vazahas…) à d'autres plats… On retrouve là les origines asiatiques de la cuisine du pays.

Si les légumes sont beaux, craquants rien qu'à les regarder, les fruits leur volent la vedette par leur palette multicolore et leurs formes étranges. Ici, ce sont des pyramides de goyaves, là des ananas étagent leurs panaches vert pâle et leurs écailles brunes. Les régimes de bananes côtoient les noix de coco et leur copra. Celui-ci servira à faire briller les parquets comme de la cire. A côté des tamarins, on trouve des empilements de corossols et de grenadelles qui sont les meilleurs fruits de la passion. Il y a aussi les jolis mangoustans, violet foncé, qui recèlent cinq ou six quartiers de chair pulpeuse, nacrée et sucrée, dans leur écorce amère. A côté des citrons verts, les combavas globuleux embaument leur étal d'un parfum de citronnelle…

Les litchis font des montagnes qui rougeoient au soleil, chevelus quand ils sont dits de Chine ou écailleux lorsqu'ils jouent les modestes du cru… Les mangues et les papayes à la peau verte et à l'intérieur d'or répandent leur parfum pétillant.

L'autre partie du zoma que j'adore est celle qui regorge d'épices. Celles-ci sont présentées en volcans de feu sur des plats alignés selon leur force. Avant même d'en connaître le goût, on savoure le chatoiement de leurs couleurs qui

vont du jaune pâle à l'ocre foncé en passant par le safran doré. Les piments sont suspendus en grappes assassines et les langues d'oiseaux, qui n'ont l'air de rien, sont sur le point d'enflammer le moindre palais… Il y a des couffins débordants de grains de poivre blanc, gris, rouge, noir ou vert de l'île de Nosy-be ; d'autres de bâtons de cannelle, de clous de girofle, de gousses de vanille… C'est une palette de senteurs, un mélange turbulent capable de vous faire tourner la tête…
Et que dire du coin des fleurs ! On pourrait écrire des pages et des pages sur les variétés florales de l'Ile Rouge… La moindre espèce flamboie et se développe en grappes et en arbustes. Lorsqu'elle rentre du marché, Maman a toujours un bouquet dans sa soubic : quelques tiges d'anthuriums, d'orchidées ou d'héliconias ; des roses de porcelaine ou bien des hibiscus que l'on pourra replanter au jardin…

Les seules zones du marché que j'évite sont celles des viandes et des poissons…

Je fuis ce spectacle de pièces de cadavres qui pendent lamentablement à des crochets de boucher et qui ont été un jour récent parties d'un animal sensible et paisible, soutenant l'homme dans ses efforts journaliers de transport et de culture… Les volailles, elles, sont dans des cages tressées de façon grossière

attendant le chaland qui leur tordra le cou juste avant de les faire passer à la casserole…
Dans un carton, un jeune garçon présente quelques canetons ; il y en a deux jaunes et deux noirs. Je les trouve tellement mignons que Maman me propose d'en acheter un. Nous choisissons l'un des deux jaunes. Et pour que nous l'emportions, le vendeur le met dans un carton de vin Clapion. Je trouve ce nom « trognon » et il va très bien à la petite bête. Nous rapportons donc « Clapion » à la maison et nous le mettons dans un petit panier, à l'abri, dans la remise de la cour afin que Louky ne le prenne pas pour un jouet. C'est mignon de voir ce caneton s'ébrouer dans la bassine que nous lui installons en guise de baignoire. Clapion nous suivra comme notre ombre, dans le jardin, dans la maison. Et il grandira en devenant un joli canard. Seulement, lorsque les vacances d'été arriveront et que nous partirons un mois à Majunga, nous le confierons à Berthe, afin qu'elle s'occupe de lui… C'est la seule fois où je

lui en ai voulu ! Clapion n'est jamais revenu à la maison… Il a dû finir, le pauvre, dans la marmite de la famille Ravaosola… J'ai mis du temps avant d'accepter cette « trahison » de Berthe – et de mes parents ! - et ma naïveté.

Le zoma, c'est aussi un grand bazar où l'on trouve de tout. Et l'artisanat malgache y occupe une grande place. Tous les objets en vannerie sont présentés ici par centaines. Les couffins et les paniers jouent avec les couleurs verte et rouge, à l'image du drapeau de Madagascar. Il y en a de toutes les tailles, et ils sentent bon la paille dorée.

Les jouets ne sont pas oubliés avec de longues girafes, des crocodiles ou des attelages de zébus fort bien imités, en paille tressée.
Un peu plus loin, ce sont les potiers qui exhibent leurs œuvres. La latérite qu'ils utilisent rend une belle couleur ocre. Tous ces pots sont tournés ; il y a une certaine recherche dans la finition de ces bols et objets somme toute ordinaires. Les poteries jouxtent la ferronnerie. Et les batteries de casseroles et de fait-tout avec tous les ustensiles nécessaires à la cuisine font briller leur fer blanc ou pour

les plus luxueux leur aluminium pour attirer le chaland.

Il est plaisant aussi de s'attarder au milieu des étals de tissus. Tout cela est vraiment pittoresque. Les couleurs sont vives et certains des motifs floraux magnifiques.

Les lambas fantaisie peuvent servir de paréos ou de nappes. Quelques-uns s'ornent de sentences en malgache, d'autres représentent la carte de Madagascar ou ses paysages, mais les plus beaux à mon goût sont ceux qui déclinent ibiscus ou orchidées stylisés en de somptueux bouquets changeants.

Et puis, il y a le coin des brodeuses particulièrement intéressant. Ces femmes aux doigts de fées brodent de ravissants vêtements d'enfants, des blouses ou de grandes et belles nappes. Elles représentent de petits personnages malgaches, de façon naïve, avec des couleurs éclatantes ; le vert, le rouge, le jaune ou le bleu se mélangent pour former une palette originale et des scènes de la campagne charmantes. On reconnaît les maisons à étage, les charrettes tirées par les zébus, et toutes les occupations d'un peuple à l'ouvrage…

Quand les vêtements sont destinés aux bébés, alors les tons pâles remplacent l'explosion des couleurs et les motifs en rose tendre et bleu layette parsèment cache-brassières et culottes bouffantes. Je trouve cela tellement mignon que je persuade Maman de me faire un « trousseau » pour mes bébés futurs ! Je reviens ainsi un jour à la maison, avec trois jolies robettes, décorées de smocks, pour une petite fille que je n'aurai jamais, et trois grenouillères, brodées main, que je retrouverai dans une valise, longtemps après que mon fils unique aura passé l'âge de les porter… (Il faudra que je songe à les lui donner pour ses futurs enfants !!! …)
Certaines de ces brodeuses sont de véritables artistes, capables de peindre à l'aiguille des motifs qui sont aussi parfaits à l'endroit qu'à l'envers. Quand le tissu est de bonne qualité, ces nappes sont de véritables chefs-d'œuvre.
Papa, qui se plaît à dessiner et qui a un joli coup de crayon, a l'idée de

représenter des roses et des poinsettias[26] (ou Madagascariesis) et de confier ses dessins, sous forme de calques, à une de ces artistes. Nous aurons ainsi quelques temps après de magnifiques nappes aux couleurs chatoyantes. Chacune sera unique et témoignera longtemps de l'habileté et du savoir-faire de nos brodeuses malgaches.

[26] Aujourd'hui on appelle ces plantes des euphorbes…

Moins spectaculaire mais tout aussi efficace et rapide, le travail des couturières.
Assises à même le sol, sous leur chapeau de paille, celles-ci s'affairent en faisant tourner leurs machines à coudre mécaniques. Chemises, tabliers, jupes et pantalons sont confectionnés en un

temps record. Dommage que la qualité du tissu ne soit pas souvent à la hauteur.

Maman, qui a toujours aimé coudre et qui sait le faire avec minutie en soignant les finitions, achète de beaux tissus en revanche et réalise des robes élégantes pour elle comme pour moi. Parfois, elle fait appel à une jeune fille pour réaliser quelques robes quand elle n'a pas le temps de les faire elle-même. Celle-ci s'appelle Perline ; elle a le teint clair, le visage parsemé de taches de rousseur ;

elle est timide, sourit peu, mais elle sait coudre et me fera de jolies robes. Elle est curieuse d'apprendre ce qui est une belle qualité.

Un jour, elle me demande si je peux lui donner quelques leçons d'anglais ! Et elle m'avertit qu'elle sait déjà quelques mots comme « please » qu'elle prononce « pleu-aze » et que j'ai du mal à reconnaître. Évidemment, je suis ravie de pouvoir lui donner quelques leçons (début d'une vocation ?), moi qui me passionne pour cette langue que j'ai vraiment découverte il y a quelques mois avec ma Tante Yvonne, qui est Américaine et m'a donné envie de lire et parler anglais. Et puis, j'ai fait la connaissance, il y a peu, d'une sympathique Américaine, Carell, fille du représentant de la FAO à Madagascar, de deux ans ma cadette, avec laquelle je m'entends bien.

Nous parlons en anglais même si elle est tout à fait capable de comprendre et parler le français, puisqu'elle est aussi élève à Fara.

Aussi cela me fait-il plaisir d'essayer de jouer les professeurs avec Perline… Mais ce n'est pas si facile… Elle n'a pas l'habitude de se plonger dans les livres et l'étude (combien de temps a-t-elle pu fréquenter l'école ? pas très longtemps sans doute…). Et je ne suis sans doute pas assez pédagogue, bien sûr. Elle n'est pas là souvent et quand elle vient elle n'a pas beaucoup de temps… Elle reste parfois un peu tard et soudain réalise qu'il faut qu'elle redescende dans son quartier qui est assez éloigné de chez nous. Elle n'est pas rassurée. Alors Papa la reconduit chez elle en voiture. Elle s'installe bien droite à l'arrière de la 404, à la fois craintive et fière d'aller en automobile.

Il est certain que tous les quartiers de cette grande ville ne se valent pas. Et être une fille ou une femme marchant seule dans certains coins, à la tombée du soir, peut s'avérer dangereux. C'est sans aucun doute hélas le lot de nombreuses métropoles et Tana n'échappe pas à la règle.

Le centre-ville est relativement sûr, pourtant. Avec les amis que je me ferai dans quelques mois, nous irons souvent au cinéma en fin d'après-midi pour en ressortir vers 20h car les séances présentent toujours deux films pour notre plus grand bonheur. Il fait nuit alors, mais nos amies qui n'habitent pas très loin de là, rentreront toujours à deux ou trois sans être inquiétées.

— 7 —

Les « boums »

Ce printemps – ou plutôt cet automne – 1969, est pour moi la découverte des surprises-parties que l'on appelle alors les « boums ».
La toute première, en ce début avril, chez Jean-François et Marie-Antoine rassemble une quarantaine de jeunes gens entre 14 et 21 ans. J'ai reçu un carton d'invitation en bonne et due forme. Perline m'a confectionné une belle robe bleu ciel, façon « portefeuille » et je porte pour l'occasion une paire de chaussures vernies noires.

A chaque réunion, nous serons tous « sur notre 31 » : les filles avec de jolies robes et les garçons avec de belles chemises bien repassées… Les salons et salles de séjour des parents de nos hôtes seront transformés en salles de réception avec buffets et piste de danse. Des serveurs ou des ramatoas feront le service.

Un tourne-disque et une sono égrènent et scandent des airs à la mode et nous nous déhanchons aux rythmes alternés

des Jerk, Meringué, Béguine, Rock, Tchatcha, Slow, Valse, Paso Doble, Sirtaki, Sega typique de la Réunion ou Salegy, originaire de Madagascar…
Nous raffolons des chansons de Sinatra, Elvis, Joe Dassin, Sacha Distel, Johnny Hallyday, Claude François, Adamo, France Gal ou Françoise Hardy, bref tous ceux de « Salut les copains » !
C'est un nouveau monde qui s'ouvre à moi et je découvre le plaisir de la danse, la bonne humeur du groupe et les belles rencontres. Oui, un monde nouveau que dis-je un autre monde !…

Dès qu'il y a une période de vacances, et pour les anniversaires, on programme ces boums, chez les uns et les autres, et c'est, à chaque fois, la demande de permission aux parents, l'excitation de la préparation avec la liste des invités, les cartes à envoyer, les habits à choisir, et le buffet à imaginer avec canapés, petits fours et cocktails sans alcool; puis il y a la soirée – ou plutôt l'après-midi, car ces réunions ont lieu entre 15h et 21H – avec le temps qui passe trop vite, les rires, les complicités ou les déceptions parfois, mais aussi les flirts qui nous mettent des étoiles dans les yeux et agrémentent nos confidences pendant quelques temps. Une jolie blonde de nos amies a le chic pour se trouver un nouvel amoureux à chaque sortie. Le lundi matin, elle a un sourire radieux, et à la fin de la semaine, patatras, elle est en larmes ; mais le samedi, elle trouve un autre garçon qui a grâce à ses yeux et c'est le même scénario les jours suivants… Il faut dire qu'elle se laisse toujours éblouir par les plus dragueurs de toute la bande de garçons…

Pendant les vacances de Pâques 1970, alors que nous devions aller, Maman et moi, passer quelques jours à l'île Maurice, Papa nous demande d'annuler notre voyage ! Il a un mauvais pressentiment et lui qui pilote des avions depuis des lustres est hanté depuis plusieurs jours par un cauchemar : il voit notre avion s'enfoncer dans l'océan… Même si ce n'est qu'un mauvais rêve cela laisse un doute et l'angoisse s'installe. Du coup plus de vacances à la mer ! Nous restons à la maison.
Je ne suis pas la seule à rester à Tana. Je m'occupe comme je le peux et de ma fenêtre, je vois chaque jour un jeune homme passer devant notre bungalow en se promenant…Sa petite sœur – qui prend le même camion que moi pour aller à l'école - l'accompagne parfois et me demande alors à voir Louky. Elle adore notre petit chien. Bien sûr, nous finissons par sympathiser, son frère et moi.
Denis est un garçon sérieux et un peu timide, rougissant à la moindre émotion. D'un an plus âgé que moi, c'est un

excellent élève de Seconde au lycée Gallieni.
Nous aimons aborder des tas de sujets qui ont trait à la littérature – je suis en train de découvrir Shakespeare et ses tragédies. Nous échangeons des livres, Saint-Exupéry, Kessel, ou Hemingway… Nous dévorons les bouquins. De sa belle écriture Denis annote certains chapitres et nous faisons rétrospectivement les commentaires sur les passages qui nous ont plu. C'est agréable de trouver quelqu'un avec qui partager ses goûts.
Nous parlons aussi d'Histoire et des pays où nous aimerions aller. Nous nous voyons presque tous les jours. Et quand les cours reprennent, nous trouvons l'occasion idéale pour continuer à nous voir ! Denis va s'improviser « prof de maths » pour m'aider dans cette matière que je déteste !
Lui est bon dans toutes les matières scientifiques et fera son possible pendant tout le troisième trimestre pour m'expliquer les mathématiques alors que je ne comprends rien à rien. Il faut dire que je ne cherche pas à faire beaucoup

d'efforts… Il va même, un jour, jusqu'à rédiger ma copie et je n'ai qu'à effacer son nom pour y substituer le mien et décrocher une très bonne note ! A croire que le prof n'y a vu que du feu !... Bref, ces leçons nous rapprochent et il entre dans la joyeuse bande de copains que je me suis faite. C'est une période de sorties dans l'euphorie. Dès qu'il y a un jour sans classe, nous faisons tous ensemble des balades autour de Fort Voyron, au milieu des tranchées de Jean Laborde qui sont autant de cachettes.
Le dernier mois de classe, les sorties deviennent de plus en plus nombreuses. Chaque week-end nous allons au cinéma et les boums se succèdent. J'en organiserai aussi une à la maison.

C'est ainsi qu'à l'occasion d'une boum chez une amie, je connaîtrai l'émotion du premier baiser, un soir de juin 1970, quelques temps avant mon départ de la Grande île.

Le soir de cette ultime Boum pour moi qui pars quelques jours plus tard, je ne m'attends pas à ce que Denis s'enhardisse et m'embrasse tendrement comme dans les films américains que nous allons voir au cinéma ! Dire que je suis totalement étonnée par ce soudain « French kiss » est un euphémisme… Je n'ai même pas remarqué que les copains se sont éclipsés et nous ont laissés seuls sur la terrasse… Seule la nénenne[27] de ma camarade, qui nous a vus, a exprimé sa contrariété après coup, devant « une attitude pareille ! ce n'est pas ce que doit

[27] Nom donné à une Nounou qui élève les bébés, en particulier à la Réunion.

faire une jeune fille » !!! Je dois dire que je suis à deux doigts d'en penser autant, mais d'un autre côté, je partage bien sûr cette amitié amoureuse et du haut de mes 15 ans, je suis très contente que mon « petit ami », maintenant « officiel », ait eu le courage de franchir ce pas… Pour moi, Tananarive restera aussi le souvenir de cette « première » !

— 8 —

Vacances à Nosy-Be

Mais revenons à cette année 1969…
Lorsque les grandes vacances arrivent – en plein hiver ! – nous nous envolons vers une petite île paradisiaque : Nosy-Be, au nord-ouest de Madagascar. C'est Papa qui pilote l'avion, du coup je peux aller voir le paysage depuis la cabine de pilotage. C'est impressionnant d'avoir, devant soi, la terre vue d'en haut, sur 180° ! Les collines couvertes de bouquets d'arbres sont parfois tranchées par des falaises de latérite ocre ou par un ruban métallique qui représente un cours d'eau. Vu du ciel, le paysage semble s'aplanir…
Après un atterrissage « du tonnerre », nous prenons la route qui nous emmène

à Ampotaha, là où se trouve le camp de vacances où nous allons passer deux semaines.
La piste serpente au milieu de bouquets de caféiers et de poivriers. Les grappes de petites baies rouges qui recouvrent ces arbres sont comme des lucioles de Noël... Je découvre aussi les Ylangs-ylangs qui sont là à profusion... Ces arbustes sont couverts de fleurs étonnantes avec de longs pétales jaunes qui ressemblent à des étoiles à six branches paresseuses et échevelées. Leur senteur est extraordinaire et entêtante. En parfumerie, l'Ylang-ylang sert de base à de nombreuses fragrances.

Nous nous installons dans notre bungalow, au milieu d'une palmeraie, à quelques mètres seulement du bord de l'eau, sur la plage.
C'est la première fois que je passe des vacances dans un « camp » ; d'habitude, nous allons à l'hôtel ou bien mes parents louent un appartement ou une villa. Et nous sommes seuls. Là, il y a autour de nous des personnels de l'Armée de l'Air

avec leurs familles. Du général au caporal, mais en maillot de bain, les grades disparaissent !... Je ne connais personne et il me faut vaincre ma timidité pour aborder tous ces adolescents qui, pour beaucoup, sont déjà là depuis une semaine et se connaissent tous… au fond, c'est plutôt facile de s'intégrer ; il suffit, puisque nous sommes entre nous à de grandes tablées, d'entamer une conversation avec son voisin ou sa voisine… Je découvre quelques filles sympathiques et surtout des garçons gentils qui ont tôt fait de me mettre à l'aise. Nous profiterons de la plage, des baignades dans une eau cristalline, sans trop de remous car le site est à l'abri derrière une barrière de corail. Le sable est fin et doré. Les palmiers frissonnent sous le vent. Il fait bon.

Nous allons aussi à la pêche. Mais je n'aime pas trop ça. Un jour, les garçons remontent une raie de taille impressionnante (60kg) qu'ils ont prise au harpon et l'installeront, très fiers, sur le capot du hors-bord. Spectacle affligeant et repoussant que cet énorme poisson sanguinolent sous nos yeux ! …

Le soir, nous nous retrouvons pour chanter et bavarder devant un feu de camp, autour d'un brasero. « C'est le temps des copains…

Et de l'aventure… On ne pense à rien », comme le chante si bien Françoise Hardy.

Les parents aussi passent de belles journées de farniente. Papa pêche un petit requin à la palangrotte depuis une pirogue à balancier. Maman lit un bon bouquin en bronzant sur le sable…

Le plaisir des vacances dans un cadre idyllique…

— 9 —

Flore et faune

Au pied de la colline où nous habitons, se trouve le parc de l'ORSTOM[28]. Gilles, un de nos amis dont le père est le directeur de cet organisme, nous invite parfois chez lui et nous ouvre son jardin. Nous admirons des tas de spécimens de fleurs, d'arbres et de cactées magnifiques. Passionné d'opéra et amoureux de la Callas, Gilles nous fait découvrir une rose splendide qu'il a plantée et sur laquelle il veille comme sur un trésor : la Maria Callas !

---

[28] L'ORSTOM (Office de la recherche scientifique et technique outre-mer) devenu en 1998 l'Institut de recherche pour le
développement (I.R.D)

Naturellement il n'y a pas que des roses dans ce parc, mais bien d'autres fleurs de l'île. Des orchidées magnifiques. Des népenthès, redoutables plantes carnivores qui attirent les insectes et les digèrent petit à petit dans leurs entonnoirs couverts d'un suc vénéneux. Des Aloès géants, des palmiers, des cocotiers ou l'Arbre du voyageur qui est ici l'emblème du pays, appelé, le Ravenala. On étudie là de nombreuses plantes aux vertus médicinales, comme par exemple l'Artemisia qui connaitra son heure de gloire au moment du Covid-19. D'autres plantes sont de véritables poisons. D'autres encore ont migré vers d'autres contrées, entraînées par les courants ou le vent, comme l'épine du Christ… Nous découvrons de curieux spécimens de cactées, et autres épineux. Des arbres entiers qui se protègent des bêtes friandes de leur écorce…

Il y a des plantes aromatiques, précieuses pour la parfumerie, comme l'Ylan-Ylang, et toutes sortes d'épices…
Il n'y a pas, à Madagascar, les mêmes espèces animales et végétales que de l'autre côté du Canal de Mozambique, en Afrique. Ici, point de lions, de zèbres, de girafes ou de rhinocéros… Il paraît que les deux-tiers des végétaux et animaux sont endémiques c'est-à dire qu'on ne les rencontre nulle part ailleurs que sur la Grande Île.
Les mammifères les plus emblématiques sont les lémuriens. Des ancêtres des primates que l'on ne trouve plus qu'à Madagascar et encore aux Comores et qui sans doute sont arrivés sur des troncs d'arbres flottants. N'ayant pas eu de prédateurs, ils se sont développés en de multiples familles. Le plus petit que nous adorons contempler à l'ORSTOM est le microcèbe murin qui pèse 50 grammes ! Si mignon avec ses gros yeux qui lui mangent la frimousse…

On trouve des lémuriens à cette époque à peu près dans toutes les régions de Madagascar. La forêt primaire qui est un de leurs habitats favoris, disparaît malheureusement trop vite à cause des cultures sur brûlis qui suivent une vieille tradition et la fabrication du charbon de bois. Les autorités françaises avaient pourtant créé les dix premières réserves

dès 1927, mais malgré les alertes, en 1969, la protection de l'environnement tarde à être scrupuleusement mise en place[29].
Le lémurien le plus populaire est le lémur catta, appelé aussi maki, avec sa longue queue annelée, blanche et noire.

En dehors de ces jolis mammifères, on trouve aussi de nombreux caméléons de toutes formes et de toutes les couleurs. Un animal qui se déplace lentement en

[29] En 1970, enfin, la presse mondiale attirera l'attention sur le danger pressant qui menace de nombreuses espèces ; à la fin des années 70, des projets verront le jour et dans les années 90 sera mis en œuvre un plan d'action pour la protection de l'environnement. Il était temps !

saisissant les branches fines avec ses mains qui se recourbent. Il y en a souvent qui se promènent dans notre jardin. Ils gobent les insectes à la rapidité de l'éclair ! L'ORSTOM est pour nous un terrain de découvertes à chaque visite, car naturellement, il n'est pas toujours facile d'aller parcourir toute l'île. Madagascar est grande comme une fois et demie la France. Et les routes ne sont pas si nombreuses. Nous ne sommes pas là, hélas, pour faire du tourisme, et le fait de vivre sur place ne nous donne pas la liberté de tout voir.

— 10 —

Le « sport club »

A Tana, le week-end ou bien en fin d'après-midi, nous allons souvent avec mes parents au Sport Club. Situé pas très loin de l'ambassade de France, en plein centre-ville, cet établissement offre des installations ludiques et sportives à ses membres : une belle piscine rafraîchissante, des cours de tennis en terre battue, des tables de ping-pong, des salles de bridge et une terrasse où l'on peut se régaler de petits plats… Lieu idéal pour se retrouver entre amis pour un bon moment de détente. Je vois là quelques-uns de mes copains, et mes parents les leurs. Je profite agréablement de la piscine car j'adore l'eau.

Vers 16h, il y a toujours un marchand de « sambos »[30] qui vient nous proposer ses délicieux petits triangles de pâte croustillante, fourrés de viande hachée de zébu avec du curry, du gingembre et de la coriandre. C'est un régal.

Je prends aussi des leçons de tennis mais courir après une balle en plein soleil ne me plaît pas vraiment.

Il y a là des militaires, des gens des ambassades et aussi quelques Américains qui viennent là en célibataires. D'où

[30] Voir recette à la fin de l'ouvrage.

viennent-ils ? Ils ne sont pas très nombreux…

— 11 —

The Eagle has landed…

Papa un jour nous présente une de ses relations d'outre-Atlantique : c'est un grand type – cela paraît un pléonasme de dire qu'un Américain est grand ! -, assez beau gosse, jeune, parlant le français avec quelques hésitations et un accent sympathique. Je suis en admiration, bien sûr !... Il ressemble un peu à Buck Danny, le personnage emblématique des BD que je dévore et il a un après-rasage mentholé délicieux !!
Au milieu de l'été 1969, nous irons, à son invitation, visiter le centre d'observation de la NASA, dans les environs de Tana. C'est là qu'il travaille. Cela ressemble à une construction de plusieurs éléments rectangulaires, plats

et fonctionnels, bourrée d'ordinateurs, de consoles avec des écrans et il y fait un froid du diable à cause d'une climatisation poussée à fond ! Il plane sur ce décor de science-fiction une odeur très prenante de désodorisant à base d'orange... Décidément, les sensations olfactives restent en mémoire autant que les visuelles ! Des voix nasillardes sur fond de parasites sortent des hauts parleurs...Il y a des échanges, puis une voix qui grésille... « The Eagle has landed ». Et l'on entend une clameur de joie qui résonne... Notre hôte ne cache pas sa fierté. Je ne comprends pas grand-chose à tout ce qu'il se dit, mais c'est un enregistrement de ce qu'il s'est passé il y a juste quelques jours : Neil Armstrong et Buzz Aldrin se sont posés sur la Lune, le 20 juillet 1969... Quelle émotion et quel privilège de revivre cet événement dans ce cadre scientifique qui est un petit bout d'Amérique...

— 12 —

Majunga

Comme en France, les mois de juillet et août sont ceux des grandes vacances. Même si c'est l'hiver, les températures sont agréables.
Après Nosy-Bé, mes parents ont décidé de prolonger les vacances sur le Canal de Mozambique, vers Majunga.
Le 1er août, dès 4h30 du matin, nous prenons la route plein nord-ouest, avec notre 404. Nous ne sommes pas seuls, des amis nous accompagnent avec leur voiture. Ils ont deux filles, Sophie et Christine, et nous emmenons aussi un copain, Jean-François, qui a un an ou deux de plus que Sophie et moi. Une jolie bande d'ado !...

L'asphalte à la sortie de Tana ne dure pas deux cents kilomètres. Puis c'est la piste, mais bien tassée et carrossable, malgré des passages en ornières lorsque la latérite est ravinée par les torrents de la saison des pluies.
Après avoir couvert presque 600 km, nous arriverons en fin d'après-midi au bord de l'eau. Un peu plus de 13 heures de voyage…
Une halte pour déjeuner nous a donné quelque frayeur : dans le sous-bois, en cherchant un endroit pour installer nos affaires de pique-nique, nous avons aperçu par terre une très jolie branche, longue de plus d'un mètre, assez épaisse, bien rectiligne, avec de belles couleurs irisées. Et puis la « branche » a frissonné et s'est mise à progresser lentement pour s'éloigner. Un magnifique boa, sorti dont ne sait où, placide, qui devait avoir aussi peur de nous que nous de lui !...
Nous avons choisi le coin d'une belle clairière, pour déguster notre déjeuner sur un tapis de feuilles…

Lorsque nous arrivons à Majunga, nous dépassons l'agglomération pour aller prendre possession de notre location, à 12 km de là au nord de la ville (dont 7 de piste) : un vaste bungalow d'une seule pièce, au plancher de béton, avec des murs en torchis et un toit recouvert de feuilles de palmiers. Il n'y a ni eau courante, ni électricité ; on s'éclairera avec des lampes tempête et on cherchera l'eau au puits qui se trouve juste à côté de la « maison » pour se laver !... Je ne m'attendais pas à ça ! C'est bien la première fois que je découvre des conditions de vie aussi spartiates.

Mais l'endroit est incroyable : une plage immense, la plus belle et la plus propre de la région, du sable blanc et rien autour à part une cahute, sensée être la cabane du « gardi » lorsque le bungalow n'est pas occupé. Impossible de dormir à l'intérieur de la maison. Il y fait trop chaud et des bestioles nous dissuadent vite d'installer là nos lits. Jean-François restera dans le bungalow malgré la vue d'un petit scorpion qui s'échappe par un interstice mais nous, les filles et nos mères, nous dormirons dehors, sur la terrasse.

Pour les deux premières nuits, nous allons à l'hôtel, à Majunga. Nos chauffeurs de pères ont besoin de se reposer, avant de refaire la route en sens inverse. Ce week-end nous permettra de découvrir la ville et de repérer ses centres d'intérêt.

Ce qui frappe tout d'abord, ce sont les gens : C'est un véritable « melting-pot » ! Il y a énormément d'Indiens et de Comoriens basanés, très différents des Merinas que nous côtoyons sur les hauts plateaux. Les femmes sont vêtues de saris aux couleurs vives et chatoyantes. Les hommes ont les traits fins et les cheveux noirs de jais, très brillants. Les Malgaches, qui sont moins nombreux par ici, sont des Sakalava et ont des traits résolument africains. Il y a énormément d'échoppes tenues par des Indiens et aussi par des Chinois qui semblent avoir le monopole des épiceries. Et puis, il y a aussi des européens. Je repère un bâtiment surmonté de l'enseigne « R.A.F Headquarters », le quartier général de la Royal Air Force ! Il n'y pas l'Armée de l'Air française, ici, mais bien la RAF. D'ailleurs, de nombreuses Land Rover bleu marine et jaunes circulent en ville avec la cocarde bleu – blanc - rouge, à l'ordre des couleurs inversé sur les portières, et la conduite à droite.

Autre curiosité, une grande mosquée avec des minarets verts surplombant une enceinte blanche. Ça aussi c'est nouveau pour moi…

A l'angle du front de mer et de l'Avenue de France, un énorme Baobab. Je n'ai jamais vu un arbre aussi large ! Il doit faire au moins douze mètres de circonférence.

Il y a en effet, tout au long de la côte ouest, des milliers de baobabs, mais malheureusement, je n'ai jamais eu l'occasion de les voir durant mon séjour

à Madagascar. Ces arbres imposants par leur hauteur et leur circonférence sont souvent millénaires. Ils représentent une réserve abondante d'eau pour la faune de la forêt sèche de l'ouest du pays.
Majunga est un port qui donne sur l'estuaire de la Betsiboka, ce long fleuve qui descend des hauts plateaux, charrie des millions de tonnes de latérite, dues à l'érosion et déverse une eau très rouge dans le Canal de Mozambique. Les plages à cet endroit ne donnent pas vraiment envie de se baigner, tant l'eau est trouble, chargée d'alluvions.
Rien à voir avec la plage où nous allons passer finalement trois belles semaines de rêve. Le farniente total !
Nous sommes donc six durant la semaine (Papa et son collègue ne viennent que le week-end). Nous faisons de grandes promenades sur la plage, passons nos journées en maillot de bain entre baignades et BBQ de crevettes ou de poissons.

Lors d'une balade le long de la plage, nous tombons sur un canyon couvert de petites cheminées de fées de sable rose. C'est superbe et comme il semble n'y avoir personne sur des kilomètres à la ronde, nous avons l'impression de découvrir le site. Lorsque le week-end, nous retrouvons « la civilisation » en l'occurrence la terrasse d'un bel hôtel en ville, nous apprenons que l'endroit est connu, bien sûr, et qu'à un ou deux kilomètres de là, un meurtre a été commis trois semaines plus tôt ! … Patatras ! notre petit paradis s'effondre dans nos cœurs ! Du coup les Mamans décident de « s'armer » et glissent de longs couteaux de cuisine sous leur matelas et moi, je dépose à côté de mon lit le fusil de plongée sous-marine que j'ai eu en cadeau pour l'obtention de mon BEPC.[31] Nos 5 lits couverts de moustiquaires nous font l'effet d'un camp retranché. Nous sommes armées, qu'on se le dise !!... Et je n'ose imaginer aujourd'hui ce qu'il nous serait arrivé si nous avions été véritablement attaquées…

[31] Examen de fin d'études correspondant (de loin !) au Brevet des Collèges, en fin de 3ème.

Dans le registre « thriller », il me revient une anecdote. J'aime bien de temps à autre me lancer des défis… Je ne suis pas une « lève tôt » même si toutes les années de ma « vie active » je me suis rarement levée au-delà de 6h du matin… Or un jour, je décide de me lever aux aurores et d'aller me baigner pour profiter d'une mer étale, sans le moindre clapotis et quasi transparente. Une vraie merveille… Je me lève sans faire de bruit, il fait à peine jour, j'enfile mon maillot et je traverse la plage de sable blond. La mer est translucide, fraîche mais pas froide, un vrai bonheur… Je nage, je nage… finalement je ne vois pas

le temps passer ; j'aperçois bientôt que cela remue du côté du bungalow. Je sors de l'eau, très contente de mon « exploit », m'être levée si tôt pour nager toute seule dans l'océan.
Maman n'est pas très convaincue de l'opportunité de cette aventure, mais reste zen.
Un peu plus tard, dans la matinée, nous sommes sur la plage à jouer les lézards lorsque Jean-François nous dit soudain, « Regardez, vous croyez que ce sont des dauphins ? il y a trois ailerons là… » oui trois ailerons à dix mètres du rivage… mais pas de dauphins, de requins !... rétrospectivement, je me rends compte de la bêtise que j'ai faite. Si ces bestioles avaient été plus matinales, elles auraient eu un petit-déjeuner royal et moi j'aurais disparu totalement sans laisser de traces.

Les fins de semaines nos pères reviennent et nous passons de bons moments à Majunga. Nous nous promenons sur le front de mer. Nous allons au cinéma. Il y a aussi un « village touristique », sorte de Club avec des

animations, un orchestre le soir et des buffets de plats typiques où l'on peut déguster des plats malgaches, indiens ou comoriens et français. Sans parler des délicieux cocktails de fruits exotiques dont je raffole…
Un soir, nous nous élançons sur la piste de danse au rythme endiablé des succès du moment. Je m'amuse beaucoup. Lorsque le tempo change, je retourne m'asseoir. Je ne reste pas longtemps sur ma chaise, un homme jeune, d'une bonne vingtaine d'années, vient me demander de danser. Les cheveux bruns, le visage poupin avec de petites moustaches il a l'air rieur ; il s'exprime bizarrement en français. Je suis un peu gênée mais après tout comme j'aime danser, j'accepte son invitation et le suis sur la piste. Toute la petite bande me regarde les yeux écarquillés en se moquant un peu de moi. Et comme je pense qu'il me faut dire quelque chose à mon cavalier, et qu'il y a tout un groupe d'Anglais accoudés au bar, je lui demande : « Are you English ? » ; « Yes,

euh, not exactly, I'm Irish[32] » … Et nous voilà partis à bavarder de choses et d'autres en anglais, ce qui me comble de joie. J'ai même droit à une leçon de tango (« one, two, tchic, tchic… Good, yes, that's right !) et je m'amuse comme une petite folle pendant toute la soirée. Ce « jeune homme » est radionavigateur sur Avro Shackleton, et il achève son séjour de six mois à Majunga. Je regarderai dorénavant les Shackleton survoler la plage d'un autre œil, en pensant à mon sympathique cavalier.

Les vacances à Majunga resteront un très bon souvenir. Si tout était loin d'être luxe et volupté, au moins y avait-il le calme … et la gaieté !

[32]« Êtes-vous Anglais ? Oui, euh, pas exactement, je suis Irlandais. »

— 13 —

Mantasoa

Papa a décidément des relations intéressantes.
Lorsque nous n'étions pas encore là, il a rencontré une bande de joyeux drilles. Parmi eux, un certain Tchemko et son épouse, Russes d'origine, particulièrement aisés et bons vivants. Ils ont une vaste maison secondaire sur les bords du lac de Mantasoa, à une soixantaine de kilomètres de Tana. C'est un lac artificiel au cœur d'une région de villégiature, boisée et lumineuse. Ils reçoivent souvent et généreusement dans cette résidence, bâtie pour accueillir pas mal de monde.
A la mi-octobre, pendant le week-end prolongé des « nouvelles » fêtes de

l'Indépendance, ils nous invitent dans leur villa et nous passons des journées magnifiques au bord de l'eau. Nos amis, le docteur D et sa femme, nous accompagnent, avec leurs jeunes garçons, Noël et François.

Nous les connaissons depuis l'Alsace où ils résidaient en même temps que nous. La route pour rallier Mantasoa est belle et le trajet est bref, à peine une heure et demie.

Ce sont trois jours de rêve que nous passons là. La maison, confortable, est entourée d'une vaste pelouse avec des massifs de fleurs et des arbustes ; le terrain descend au milieu des pins jusqu'au lac. Il y a un ponton où est amarré un canot. Tout cela appartient à notre hôte et nous pouvons à loisir profiter de ces équipements. Pendant que je m'amuse à faire du ski nautique, sans toutefois oser le mono ski, avec alternativement Papa et le docteur comme pilote du canot, les dames se consacrent à la pêche depuis la rive, tandis que les garçons titillent les tilapias depuis le ponton.

Le lundi, nous allons découvrir des papillons chez un collectionneur qui habite dans la région. Papa depuis peu s'intéresse aux lépidoptères et il y a quelques spécimens à Madagascar d'une rare beauté. Parmi eux, un géant : le Comète, papillon de nuit, beige, d'une taille de vingt centimètres avec une traîne de quinze au bout de chaque aile pour le mâle. C'est impressionnant. Il est très large, environ la taille d'une main d'adulte et est plutôt rare ; on ne le trouve que dans la forêt primaire et il ne vit qu'une semaine.

Je reste à contempler les Uranias, striés de vert et de bleu turquoise sur un habit noir. Une merveille de couleurs, aux ailes très découpées…

Nous découvrons d'autres papillons chez ce collectionneur qui se fait envoyer des insectes de tous les continents et en particulier d'Amérique latine.

Les Morphos aux ailes d'un bleu métallique sont les plus extraordinaires, par leur taille et leur beauté. Ils viennent du Brésil.

Le monde des papillons est fantastique. Mais que leur beauté est éphémère ! Ils nous rappellent combien la vie est un don précieux et fragile.

— 14 —

Retour en ville

Quelques jours après cette escapade sur les rives du lac de Mantasoa, je vais fêter mes 15 printemps (de l'hémisphère austral !), avec une superbe citrine montée en bague, offerte par mes parents… et des copains viendront m'aider à souffler les bougies qui commencent à encombrer le gâteau ! Nous sommes tous montés d'un cran : nous voilà en Seconde ! Je me régale toujours autant d'Histoire et de Géographie.

Cette fin d'année 1969 est plus gaie que ne l'a été celle de 68. Et à la mi-décembre, Papa accroche aussi un cinquième galon panaché à son épaulette, ce dont nous ne sommes pas peu fiers tous les trois ! J'ai de la chance d'avoir des parents en or, et de vivre dans un milieu agréable. Mon année de Seconde sera facile, enrichissante, grâce à des professeurs soucieux de nous partager leurs connaissances en exigeant efforts et attention, et grâce à des amis enjoués et stimulants par leurs conversations et leurs échanges. Et puis il y a le cadre dans lequel nous évoluons. Tananarive est une belle ville des tropiques. Ses avenues sont bordées de jacarandas. Selon la saison c'est une explosion de couleurs violines comme on le voit ici autour du lac Anosy,[33] au bas de la colline.

[33] Prononcer : Anouch.

— 15 —

Tout a une fin…

L'année 1970 commence dans la joie et la danse à la base aérienne d'Ivato, dans une ambiance « Armée de l'Air » lors de la soirée du 31 décembre 69. C'est la première fois que j'accompagne mes parents à un bal. Je trouve cela très plaisant et cela ouvre une longue série de soirées qui dureront jusqu'en …1992 !
Ces six mois avant notre départ de Madagascar vont me donner l'impression de passer très vite. La jeunesse file à toute allure.
Il y aura quelques événements marquants comme ce fameux projet de vacances de rêves à Maurice tombé à l'eau. Les « prémonitions » de Papa nous ont peut-être épargné le pire ; non

seulement l'avion a eu plusieurs pannes mais deux violents cyclones se dirigeaient vers l'île Maurice avec des vents de 200 km/h …
Cette saison, dans les parages de l'Océan Indien, voit souvent se former d'impressionnants cyclones qui touchent en général les côtes et les îles Mascareignes. A Tana, nous n'en avons pas subi.
Mais il y a eu des tremblements de terre pour nous rappeler que nous sommes des fourmis sur notre planète. C'est toujours angoissant mais heureusement, ceux que nous avons vécus n'ont pas causé trop de dégâts.

En mars 70, j'ai eu le plaisir de voir l'équipage d'Apollo XII, en tournée de par le monde après sa mission sur la Lune. Il y avait les trois astronautes : Conrad, Gordon et Bean. Ils sont moins célèbres que ceux d'Apollo XI qui ont été les premiers à se poser sur la Lune, mais leur travail n'en a pas moins été remarquable pour la découverte de notre satellite. Et puis, ils ont dû avoir la peur de leur vie, car le lanceur Saturn V a été foudroyé deux fois juste après le lancement. Malgré tout, l'équipage a réussi à rétablir le fonctionnement des instruments et poursuivre le vol. Je suis toujours impressionnée par le courage de ces hommes qui acceptent de braver le danger à bord de leurs fusées ou de leurs avions supersoniques… C'est la fille du pilote qui parle !...

Énumérer ici toutes les sorties qui se sont succédé jusqu'à mon départ serait fastidieux et vain au regard de la découverte de Madagascar. Ces six mois ont été joyeux, chaleureux et j'en garde des souvenirs heureux.

Le 21 juin 1970 à 21h00, nous quittons Madagascar. Le paquebot des Messageries maritimes sur lequel nous entreprenons le voyage de retour, le Pierre Loti, s'éloigne du quai de Tamatave. Nous mettrons vingt-cinq jours pour gagner la France et aurons la chance de faire escale à Durban et Cape town en Afrique du Sud, et à Dakar un peu plus tard…Ainsi s'achèvent dix-neuf mois d'un merveilleux séjour de découvertes et d'amitiés. Peut-être les plus belles années de mon adolescence !

— 16 —

Quelques recettes de cuisine traditionnelles de Madagascar

Comme je l'ai annoncé au fil de mon récit, voici quelques recettes typiques de la Grande Île :

Le Romazava.
C'est le plat national malgache.
Un mijoté de viande de Zébu, (que l'on peut remplacer par du bœuf) assez relevé, accompagné de brèdes mafana, (sorte de cresson, mais du chou chinois, ou d'autres feuilles vertes comestibles pour donner du goût feront aussi bien l'affaire).

Ingrédients :
1,5 kg de viande de bœuf dans le jarret, 4 tomates, 2 oignons, une bonne cuillère à café de gingembre en poudre et 4 gousses d'ail, sel et poivre sauvage de Madagascar.
500g de feuilles de brèdes mafane (ou feuilles d'épinards, de patate douce, de radis etc…)

Préparation :
Dans une cocotte, faire revenir la viande avec un peu d'huile (de colza, tournesol, pas d'olive) jusqu'à ce qu'elle soit bien dorée.
Pendant ce temps, piler ensemble la poudre de gingembre, l'ail et l'oignon.
Laver les brèdes et les couper en lamelles. (si l'on met aussi les fleurs le goût n'en sera que plus relevé…)
Ajouter les aromates pilés, puis les tomates coupées en petits cubes.
Recouvrir d'eau.
Laisser mijoter à couvert pendant 50 mn environ à feu moyen.
Ajouter les brèdes et reprendre la cuisson pendant 20 à 30 mn.

A la fin ajouter un ou deux tours de moulin à poivre.
Servir avec un bon riz blanc parfumé.

Le poulet au lait de coco. (Akoho sy voanio).
C'est un poulet mijoté dans du lait de coco parfumé.

Ingrédients :
Un poulet découpé en morceaux ; 15 à 20 cl de lait de coco, 1 oignon, 1 gousse d'ail, 1 pincée de gingembre, 1 pincée de curcuma, 1 pincée de curry, 2 tomates, de l'huile, du sel et du poivre.

Préparation :
Badigeonner les morceaux de poulet avec le gingembre et le curcuma, le sel et le poivre.
Dans une cocotte, faire revenir les morceaux dans l'huile chaude, jusqu'à ce qu'ils soient bien dorés.
Ajouter l'oignon émincé et les tomates coupées en cubes ; faire cuire encore quelques minutes.

Puis recouvrir le tout d'eau et ajouter le curry.
Ajouter le lait de coco dès que l'eau commence à bouillir, puis baisser le feu et laisser mijoter jusqu'à ce que la sauce épaississe.
Servir avec du riz blanc parfumé.

Les Sambos.
Ce sont de petits triangles croustillants farcis (viande, légumes ou poisson).

Ingrédients :
Pour la pâte : farine de blé, sel, huile et eau. Ou plus simplement,
utiliser 8 feuilles de pâte filo ou bien 8 feuilles de brick.
Pour la garniture : 200 gr de viande hachée de bœuf, une dizaine de feuilles de coriandre fraîche, 1 grosse tomate, 1 oignon, 1 gousse d'ail, 1 pincée de gingembre, curry et curcuma. Sel et poivre.

Préparation :
Mélanger tous les ingrédients de la garniture et les faire cuire dans un peu d'huile. Découper des triangles dans les feuilles de brick ou de pâte filo et y déposer l'équivalent d'une petite cuillerée à soupe ; bien refermer ces petits triangles et le faire frire ou cuire au four.
Ces sambos sont délicieux en guise d'apéritif.

La Rougaille. (ou le rougail).
Condiment originaire des Mascareignes, à base de légumes ou de fruits, pimenté et acidulé, il relève les plats accompagnés de riz.

Ingrédients : Tomates, ou aubergines, (ou encore mangue) oignon, ail, piment rouge (l'habanero ou celui de Cayenne par ex), gingembre, jus de citron, sel et huile. On peut ajouter aussi de la coriandre, du curcuma ou du cumin…

Préparation :
Hacher tous les ingrédients pour obtenir une pâte fine, bien mélanger et laisser reposer.
En version chaude on fait cuire cette sauce 10 à 15 mn.
Pour ceux qui aiment les plats relevés, ce condiment est parfait.

Et pour accompagner ces mets délicieux, voici
un petit cocktail à la noix de coco :

Eau de coco fraîche, lait de coco, sucre de canne, vanille et un doigt de rhum malgache. On peut aussi ajouter un jus d'orange pressé pour la version long drink.

A votre santé !

Table des matières

VELOMA !

Printed by Amazon Italia Logistica S.r.l.
Torrazza Piemonte (TO), Italy

80401438R00097